Impressum
Verlag: BABADADA GmbH, Nedderfeld 112 , 22529 Hamburg
Geschäftsführer / Verlagsleitung: Harald Hof
Druck: Books on Demand GmbH, In de Tarpen 42, 22848 Norderstedt

Imprint
Publisher: BABADADA GmbH, Nedderfeld 112 , 22529 Hamburg, Germany
Managing Director / Publishing direction: Harald Hof
Print: Books on Demand GmbH, In de Tarpen 42, 22848 Norderstedt

škola

colegio

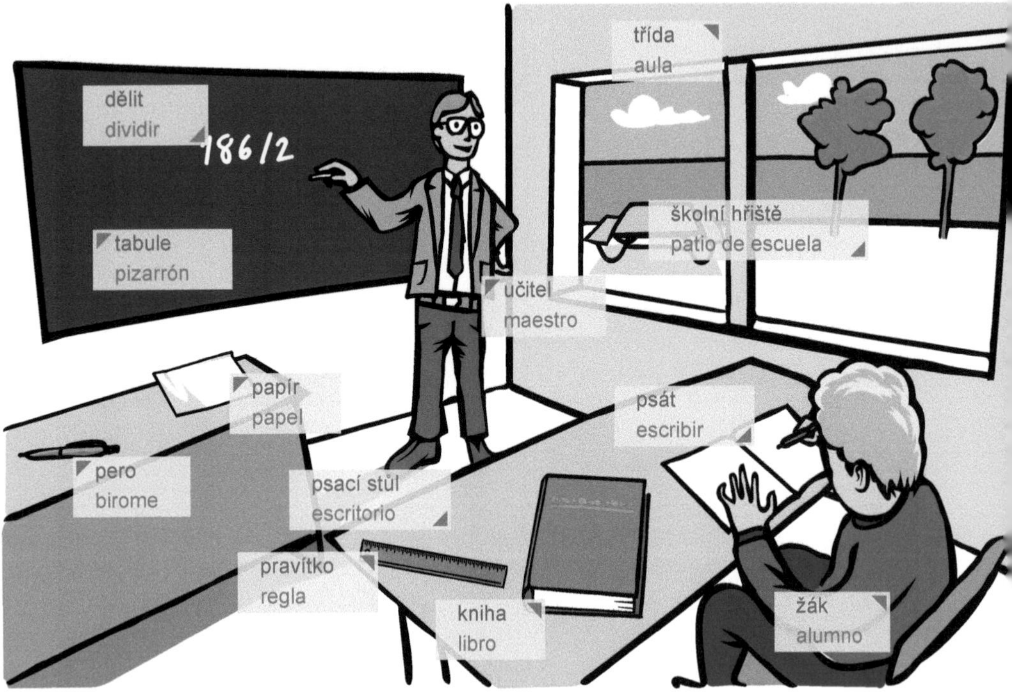

třída
aula
dělit
dividir
186/2
tabule
pizarrón
školní hřiště
patio de escuela
učitel
maestro
papír
papel
psát
escribir
pero
birome
psací stůl
escritorio
pravítko
regla
kniha
libro
žák
alumno

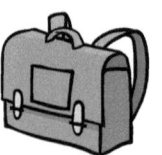

aktovka

mochila

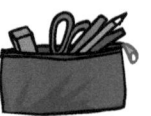

penál

caja de lápices

tužka

lápiz

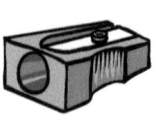

ořezávátko

sacapuntas

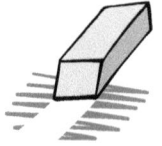

guma

goma (de borrar)

blok na kreslení

bloc de dibujo

výkres

dibujo

štětec

pincel

malířské potřeby

caja de pinturas

nůžky

tijera

lepidlo

pegamento

cvičebnice

cuaderno de ejercicios

domácí úkol

tarea

počet

número

sčítat

sumar

odčítat

restar

násobit

multiplicar

počítat

calcular

písmeno

letra

abeceda

abecedario

slovo

palabra

text

texto

číst

leer

křída

tiza

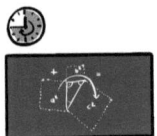

hodina

lekción

třídní kniha

cuaderno de clase

zkouška

examen

vysvědčení

certificado

školní uniforma

uniforme escolar

vzdělání

educación

encyklopedie

enciclopedia

univerzita

universidad

mikroskop

microscopio

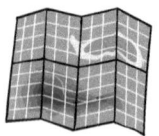

karta

mapa

odpadkový koš na papír

tacho (de basura)

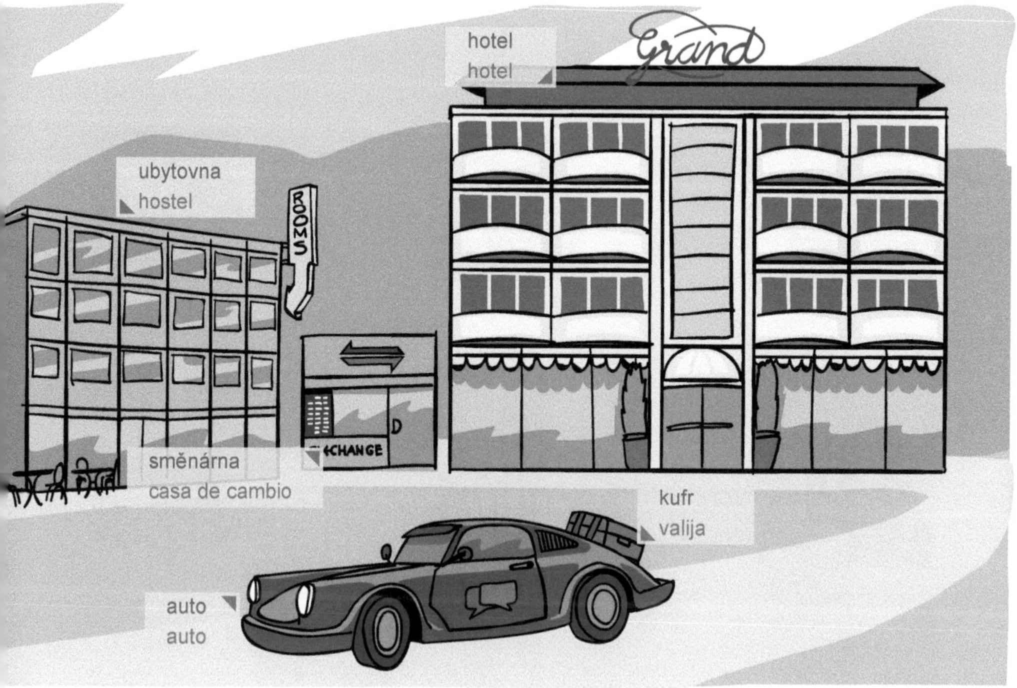

hotel
hotel
Grand
ubytovna
hostel
ROOMS
směnárna
casa de cambio
EXCHANGE
kufr
valija
auto
auto

jazyk

idioma

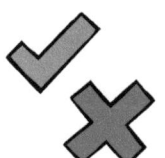

ano / ne

sí / no

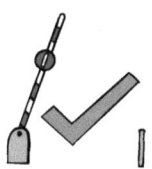

oukej

Está bien

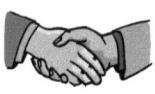

Ahoj!

hola

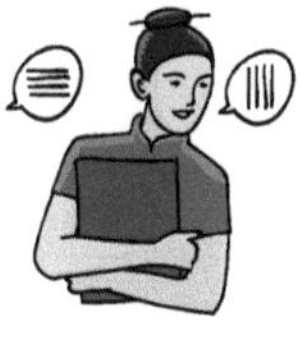

překladatel

traductor

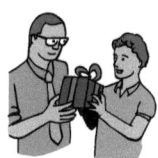

děkuji

Gracias

Kolik stojí...?
¿cuánto cuesta...?

nerozumím
No entiendo

problém
problema

Dobrý večer!
¡Buenas tardes!

Dobré ráno!
¡Buenos días!

Dobrou noc!
¡Buenas noches!

na shledanou
adiós

směr
dirección

zavazadlo
equipaje

taška
bolso

batoh
mochila

host
invitado

pokoj
habitación

spací pytel
bolsa de dormir

stan
carpa

turistické informace

información turística

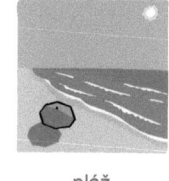

pláž

playa

kreditní karta

tarjeta de crédito

snídaně

desayuno

oběd

almuerzo

večeře

cena

jízdenka

pasaje

výtah

ascensor

poštovní známka

sello

hranice

frontera

clo

aduana

poselství

embajada

vízum

visa

pas

pasaporte

transport
transporte

letadlo
avión

loď
barco

hasičský vůz
autobomba

nákladní vůz
camión

autobus
colectivo

motorový člun
lancha a motor

kolo
bicicleta

auto
auto

přívoz
ferry

člun
bote

motorka
moto

policejní auto
patrullero

závodní auto
auto de carreras

pronajaté auto
auto de alquiler

sdílení aut

alquiler de autos

odtahová služba

grúa

popelářský vůz

camión de basura

motor

motor

palivo

nafta

čerpací stanice

estación de servicio

dopravní značka

señal de tránsito

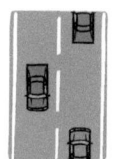

doprava

tránsito

dopravní zácpa

embotellamiento

parkoviště

estacionamiento

vlakové nádraží

estación de tren

koleje

vías

vlak

tren

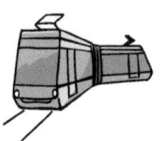

tramvaj

tranvía

vagón

vagón

helikoptéra

helicóptero

letiště

aeropuerto

věž

torre

pasažér

pasajero

kontejner

contenedor

kartón

caja de cartón

trakař

carretilla

koš

canasta

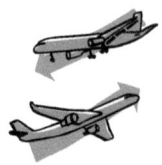

vzlétnout / přistát

despegar / aterrizar

město
ciudad

vesnice

pueblo

střed města

centro de ciudad

dům

casa

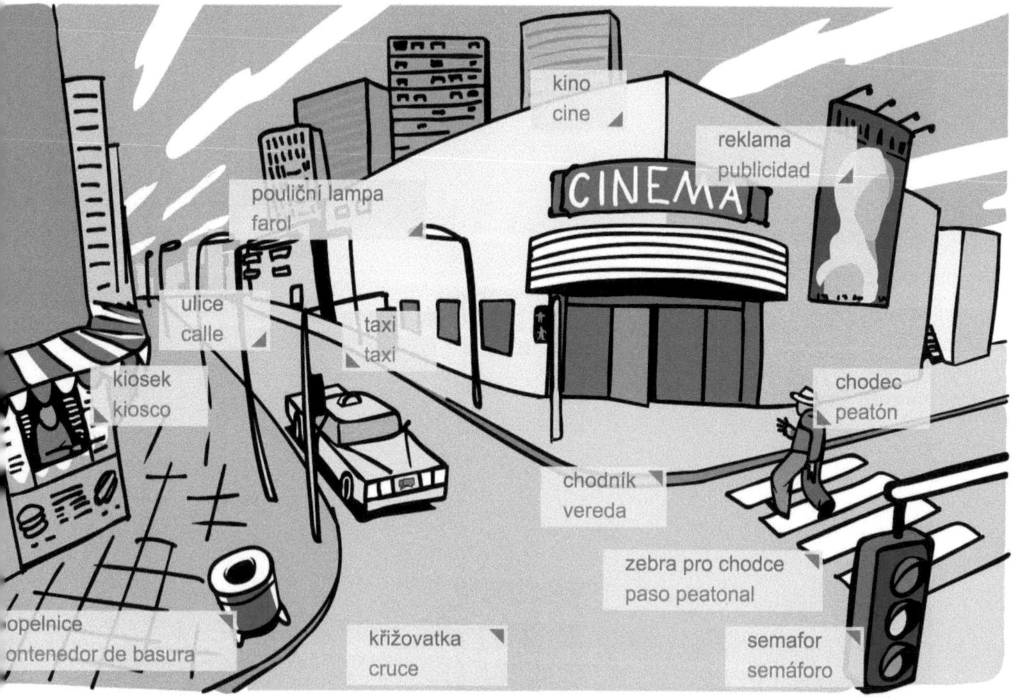

kino / cine

reklama / publicidad

pouliční lampa / farol

ulice / calle

taxi / taxi

kiosek / kiosco

chodec / peatón

chodník / vereda

zebra pro chodce / paso peatonal

opelnice / ontenedor de basura

křižovatka / cruce

semafor / semáforo

chata
cabaña

byt
departamento

vlakové nádraží
estación de tren

radnice
municipalidad

muzeum
museo

škola
colegio

univerzita

universidad

banka

banco

nemocnice

hospital

hotel

hotel

lékárna

farmacia

kancelář

oficina

knihkupectví

librería

obchod

negocio

květinářství

florería

supermarket

supermercado

tržnice

mercado

obchodní dům

grandes tiendas

rybárna

pescadería

nákupní centrum

centro comercial

přístav

puerto

park

parque

lavička

banco

most

puente

schody

escaleras

metro

subte

tunel

túnel

autobusová zastávka

parada del colectivo

bar

bar

restaurace

restaurante

poštovní schránka

buzón

pouliční tabule

letrero

parkovací hodiny

parquímetro

zoo

zoológico

plovárna

pileta

mešita

mezquita

usedlost
granja

znečišťování životního prostředí
contaminación

hřbitov
cementerio

církev
iglesia

hřiště
juegos infantiles

chrám
templo

krajina

paisaje

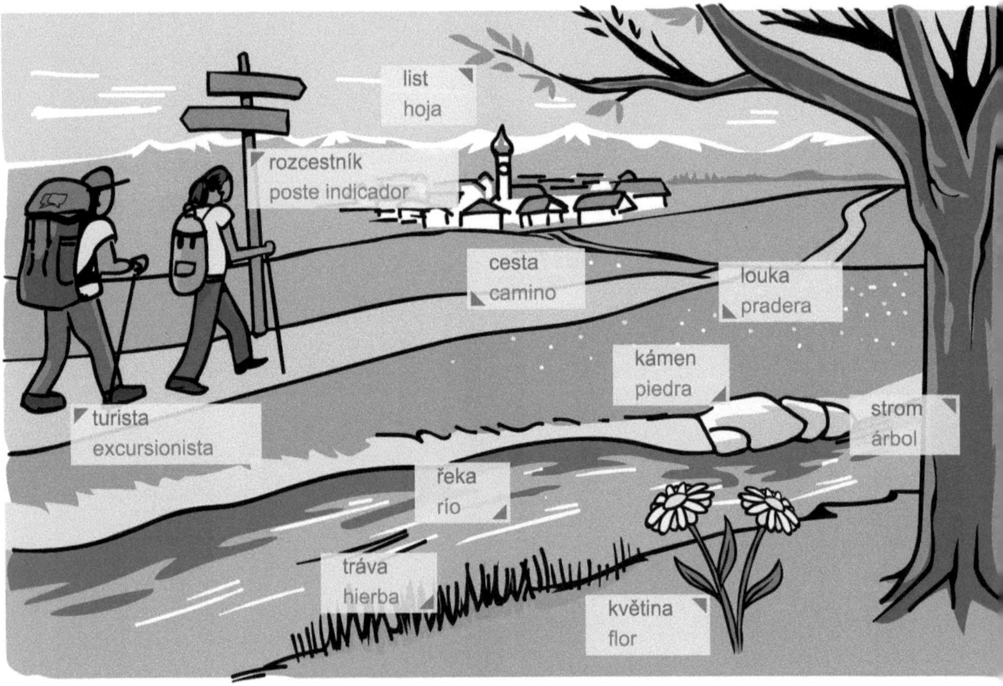

list
hoja

rozcestník
poste indicador

cesta
camino

louka
pradera

kámen
piedra

strom
árbol

turista
excursionista

řeka
río

tráva
hierba

květina
flor

údolí
valle

hora
montaña

jezero
lago

les
bosque

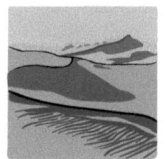

poušť
desierto

sopka
volcán

zámek
castillo

duha
arco iris

houba
champiñón

palma
palmera

komár
mosquito

moucha
mosca

mravenec
hormiga

včela
abeja

pavouk
araña

brouk

escarabajo

žába

rana

veverka

ardilla

ježek

erizo

zajíc

liebre

sova

lechuza

pták

pájaro

labuť

cisne

divoké prase

jabalí

jelen

ciervo

los

alce

přehrada

presa

větrné kolo

aerogenerador

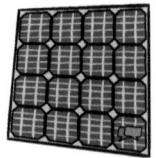

solární panel

panel solar

podnebí

clima

restaurace
restaurante

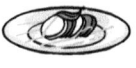

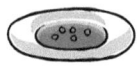

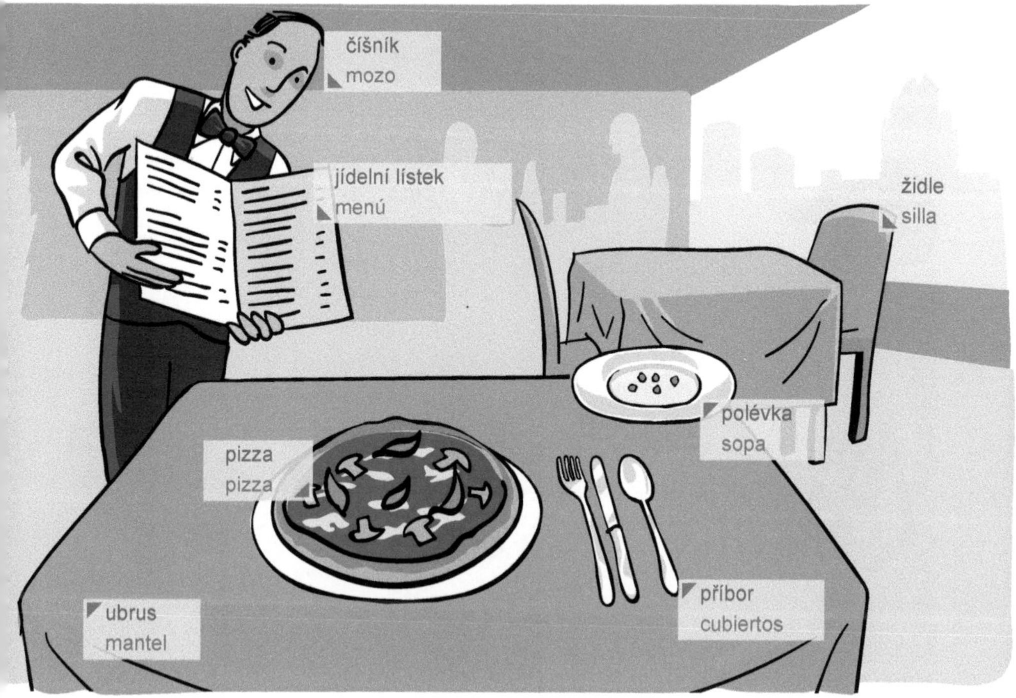
číšník
mozo
jídelní lístek
menú
židle
silla
polévka
sopa
pizza
pizza
příbor
cubiertos
ubrus
mantel

předkrm

entrada

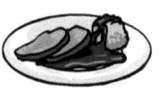

hlavní chod

plato principal

dezert

postre

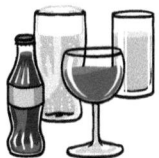

nápoje

bebidas

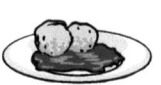

jídlo

comida

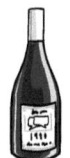

láhev

botella

rychlé občerstvení

comida rápida

pouliční občerstvení

comida callejera

čajová konvice

tetera

cukřenka

azucarera

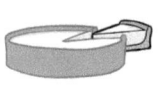

porce

porción

kávovar na espresso

cafetera expreso

dětská stolička

sillita alta

faktura

cuenta

tác

bandeja

nůž

cuchillo

vidlička

tenedor

lžíce

cuchara

čajová lyžička

cucharita

ubrousek

servilleta

sklenička

vaso

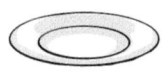

talíř
plato

talíř na polévku
plato hondo

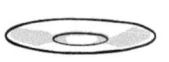

podšálek
plato

omáčka
salsa

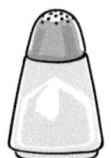

slánka
salero

mlýnek na pepř
molinillo de pimienta

ocet
vinagre

olej
aceite

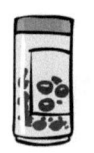

koření
especias

kečup
kétchup

hořčice
mostaza

majonéza
mayonesa

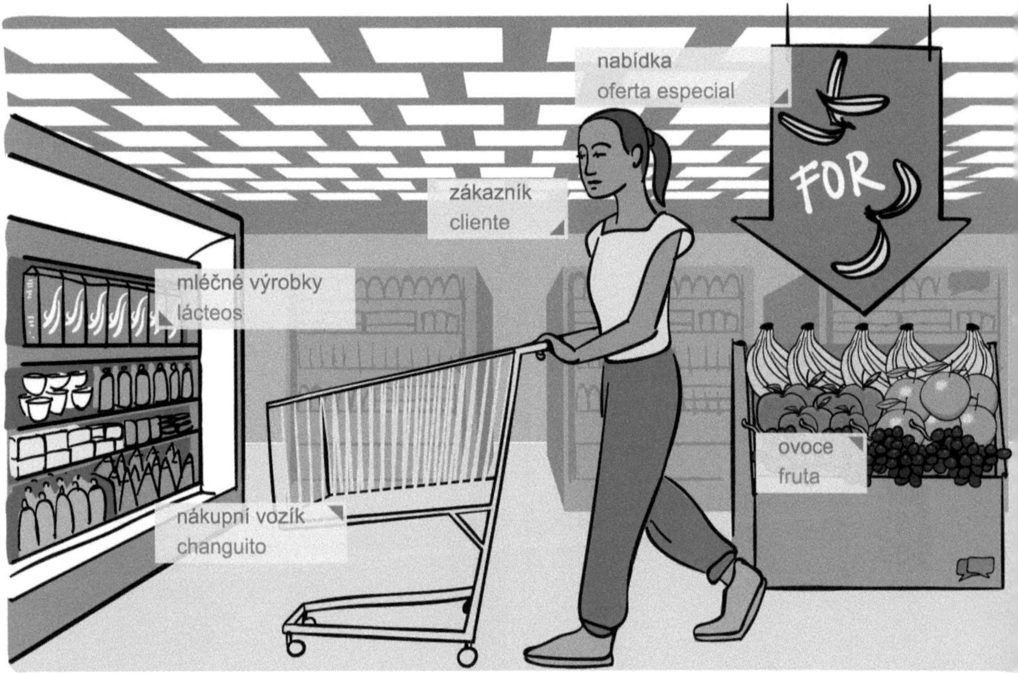

nabídka
oferta especial

zákazník
cliente

mléčné výrobky
lácteos

ovoce
fruta

nákupní vozík
changuito

masna	pekařství	vážit
carnicería	panadería	pesar

	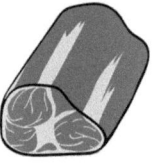	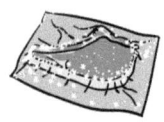
zelenina	maso	mražené potraviny
verduras	carne	alimentos congelados

obložený talíř
fiambres

konzervy
alimentos enlatados

prací prášek
detergente en polvo

cukrovinky
golosinas

výrobky pro domácnost
electrodomésticos

čisticí prostředek
productos de limpieza

prodavačka
vendedora

pokladna
caja

pokladní
cajero

nákupní seznam
lista de compras

otevírací doba
horario de atención

peněženka
billetera

kreditní karta
tarjeta de crédito

taška
cartera

igelitová taška
bolsa de plástico

voda

agua

džus

jugo

mléko

leche

kola

bebida cola

víno

vino

pivo

cerveza

alkohol

alcohol

kakao

cacao

čaj

té

káva

café

espresso

café expreso

kapučíno

cappuccino

banán

banana

jablko

manzana

pomeranč

naranja

meloun

melón

citrón

limón

mrkev

zanahoria

česnek

ajo

bambus

bambú

cibule

cebolla

houba

champiñón

ořechy

nueces

těstoviny

fideos

špageti

tallarines

rýže

arroz

salát

ensalada

hranolky

papas fritas

americké brambory

papas fritas

pizza

pizza

hamburger

hamburguesa

sendvič

sándwich

řízek

churrasco

šunka

jamón

salám

salame

salám

salchicha

kuře

pollo

pečeně

asado

ryby

pescado

ovesné vločky

copos de avena

müsli

muesli

vločky

copos de maíz

mouka

harina

croissant

medialuna

houska

pancito

chléb

pan

toast

tostada

sušenky

galletitas

máslo

manteca

tvaroh

cuajada

buchta

torta

vejce

huevo

volské oko

huevo frito

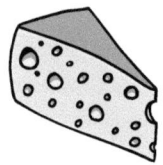

sýr

queso

zmrzlina

helado

cukr

azúcar

med

miel

marmeláda

mermelada

nugátový krém

pasta de chocolate

kari

curry

selské stavení
granja

stodola
granero

balík slámy
fardo de paja

pole
campo

kůň
caballo

přívěs
remolque

traktor
tractor

hříbě
potrillo

osel
burro

jehně
cordero

ovce
oveja

koza	kráva	tele

cabra	vaca	ternero

prase	sele	býk

cerdo	lechón	toro

husa

ganso

kachna

pato

kuře

pollo

slepice

gallina

kohout

gallo

krysa

rata

kočka

gato

myš

ratón

vůl

buey

pes

perro

psí bouda

cucha

zahradní hadice

manguera

kropicí konev

regadera

kosa

guadaňa

pluh

arado

srp

hoz

motyka

azada

vidle

horquilla

sekera

hacha

kolecko

carretilla

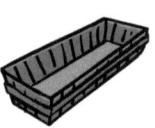

koryto

abrevadero

konev na mléko

lechera

pytel

bolsa

plot

reja

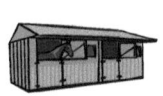

stáj

establo

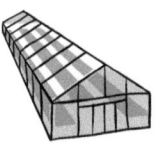

skleník

invernadero

půda

suelo

osivo

semilla

hnojivo

fertilizador

kombajn

cosechadora

sklidit

cosechar

sklizeň

cosecha

smldinec

batatas

pšenice

trigo

sója

soja

brambora

papa

kukuřice

maíz

řepka

semilla de colza

ovocný strom

árbol frutal

maniok

mandioca

obilí

cereales

dům

casa

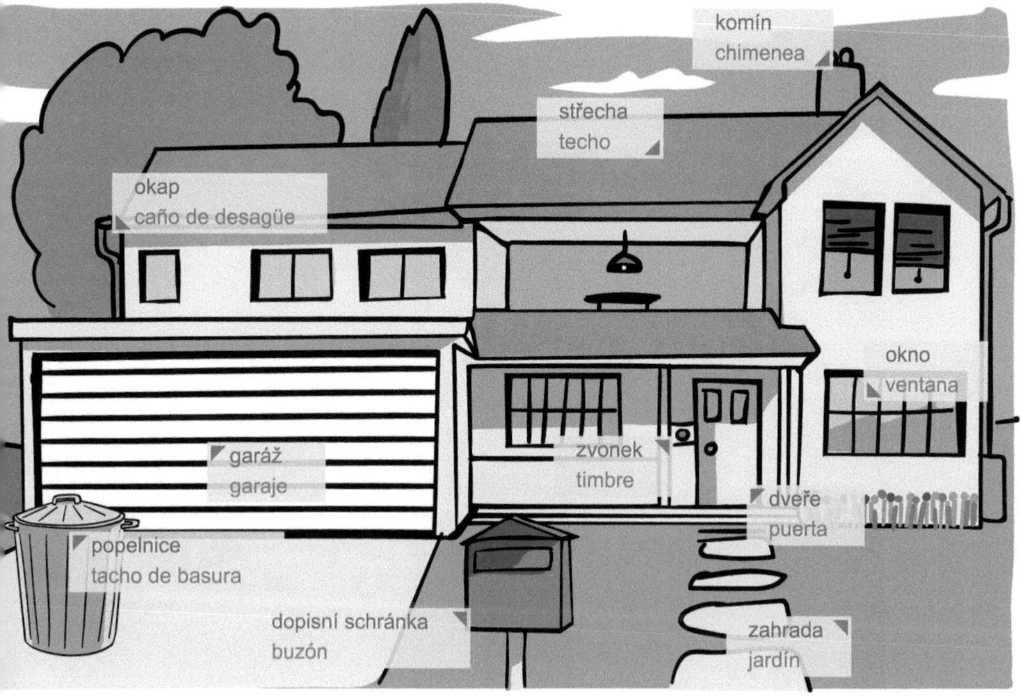

komín
chimenea
střecha
techo
okap
caño de desagüe
okno
ventana
garáž
garaje
zvonek
timbre
dveře
puerta
popelnice
tacho de basura
dopisní schránka
buzón
zahrada
jardín

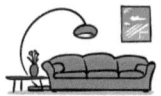

obývací pokoj

living

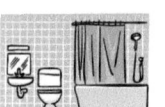

koupelna

baño

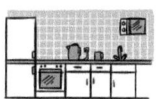

kuchyně

cocina

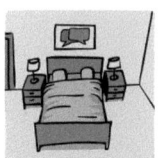

ložnice

dormitorio

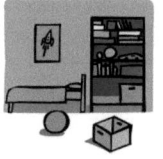

dětský pokoj

cuarto de los chicos

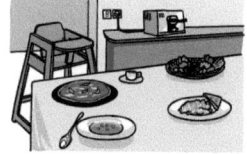

jídelna

comedor

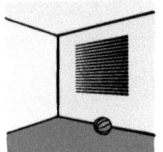

podlaha

piso

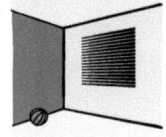

zeď

pared

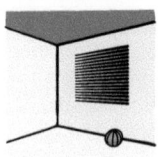

deka

cielorraso

sklep

sótano

sauna

sauna

balkón

balcón

terasa

terraza

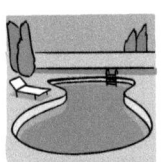

bazén

pileta

sekačka na trávu

cortadora de pasto

ložní prádlo

sábana

lůžková přikrývka

acolchado

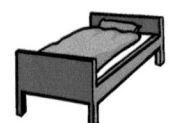

postel

cama

smeták

escoba

kýbl

balde

vypínač

interruptor

obývací pokoj
living

tapeta
empapelado
obrázek
imagen
žárovka
lámpara
police
estante
skříň
armario
televizor
televisión
komín
chimenea
květina
flor
polštář
almohadón
gauč
sofá
váza
florero
dálkový ovladač
control remoto

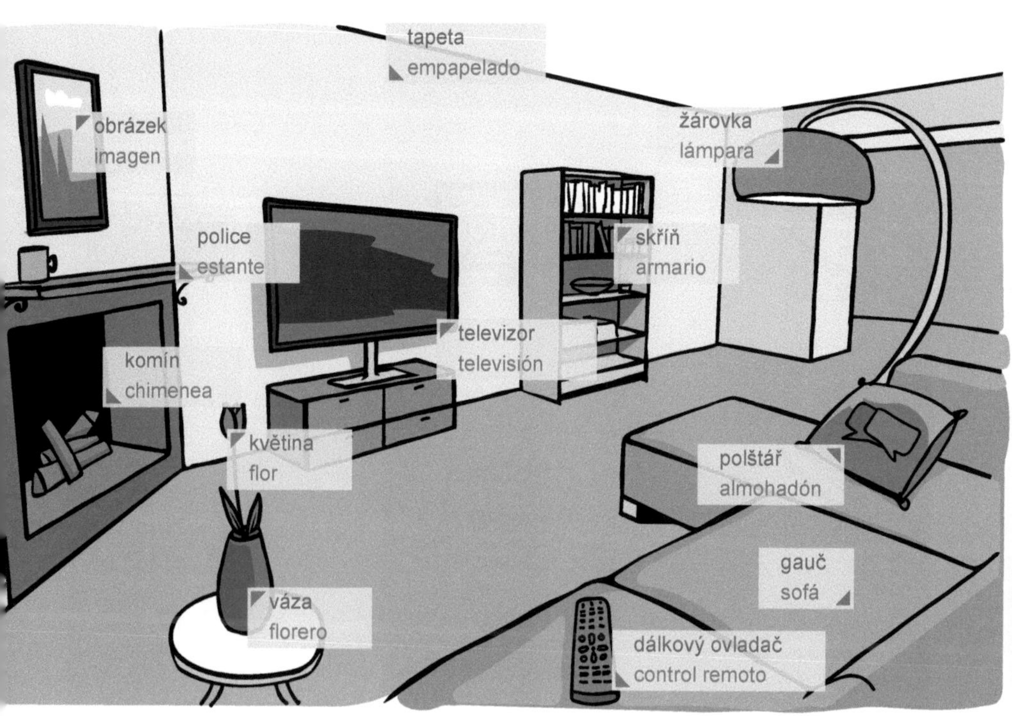

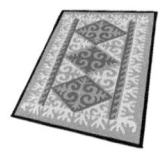

koberec

alfombra

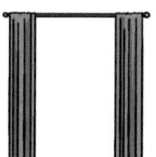

závěs

cortina

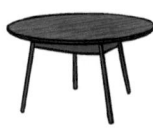

stůl

mesa

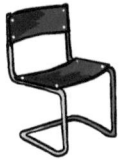

židle

silla

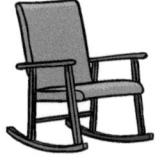

houpací křeslo

mecedora

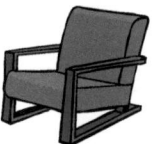

křeslo

sillón

kniha

libro

strop

frazada

ozdoba

decoración

palivové dříví

leña

film

película

stereo souprava

equipo de música

klíč

llave

noviny

diario

malba

pintura

plakát

póster

rádio

radio

poznámkový blok

cuaderno

vysavač

aspiradora

kaktus

cactus

svíce

vela

kuchyně
cocina

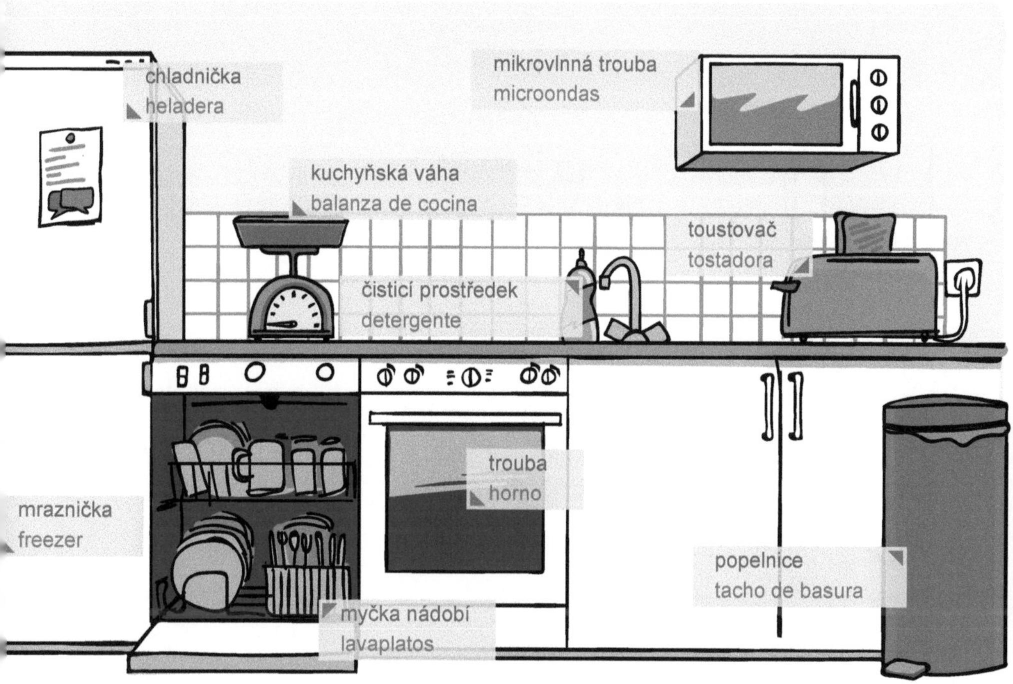

chladnička
heladera
mikrovlnná trouba
microondas
kuchyňská váha
balanza de cocina
toustovač
tostadora
čisticí prostředek
detergente
trouba
horno
mraznička
freezer
popelnice
tacho de basura
myčka nádobí
lavaplatos

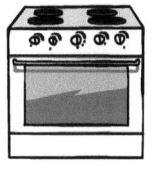

sporák
cocina

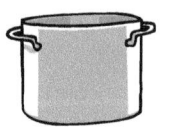

hrnec
olla

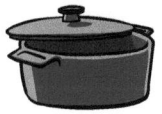

litinový hrnec
olla de hierro fundido

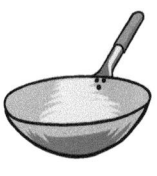

wok / kadai
wok

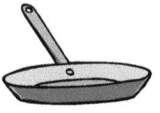

pánev
sartén

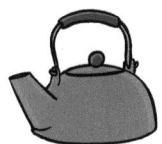

varná konvice
pava

parní hrnec

vaporera

plech na pečení

bandeja de horno

nádobí

vajilla

hrnek

taza

miska

bol

jídelní hůlky

palitos

naběračka

cucharón

obracečka

estpátula

metla

batidora

síto

colador

cedník

colador

struhadlo

rallador

hmoždíř

mortero

gril

parrilla

ohniště

fogata

prkénko na krájení

tabla de picar

váleček na těsto

palo de amasar

vývrtka

sacacorchos

dóza

lata

otvírák na konzervy

abrelatas

chňapka

manopla

umyvadlo

pileta

kartáč na nádobí

cepillo

houba

esponja

mixér

batidora

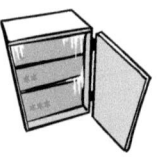

mrazák

congelador

dětská lahev

mamadera

kohoutek

canilla

koupelna
baño

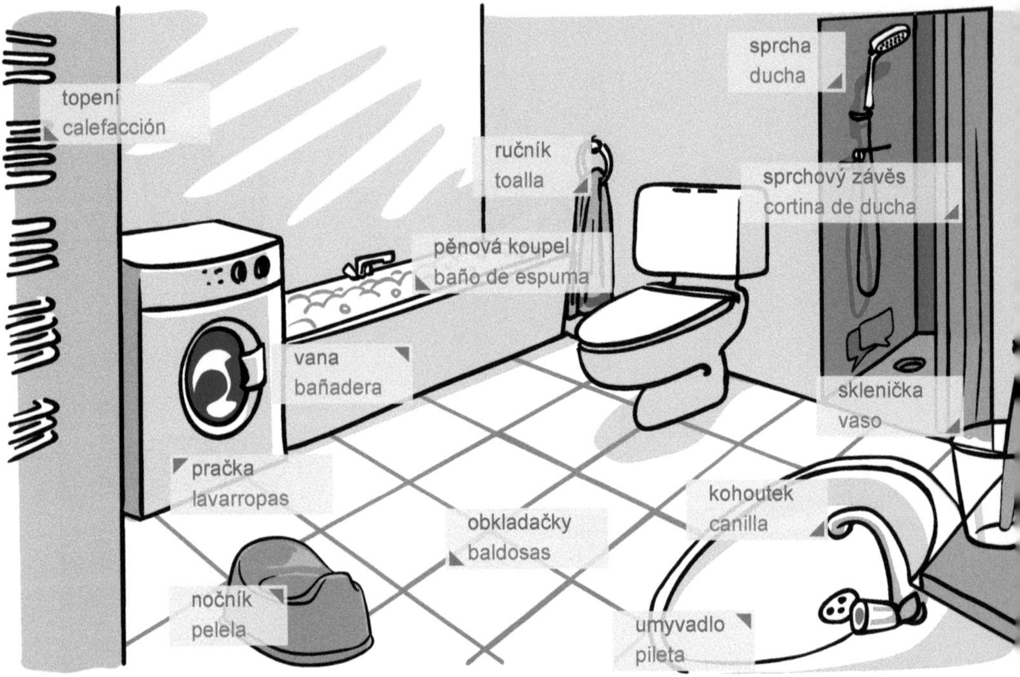

topení
calefacción
sprcha
ducha
ručník
toalla
sprchový závěs
cortina de ducha
pěnová koupel
baño de espuma
vana
bañadera
sklenička
vaso
pračka
lavarropas
kohoutek
canilla
obkladačky
baldosas
nočník
pelela
umyvadlo
pileta

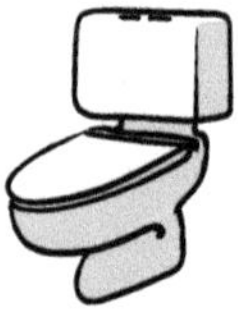
záchod
inodoro

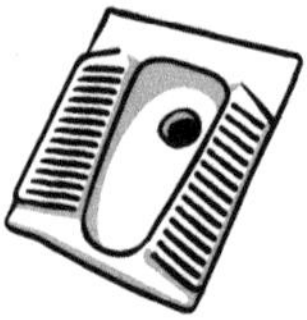
turecký záchod
letrina

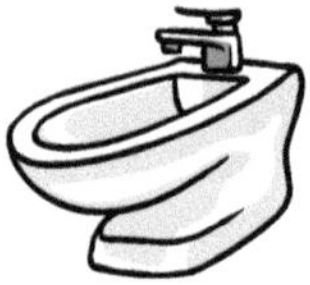
bidet
bidé

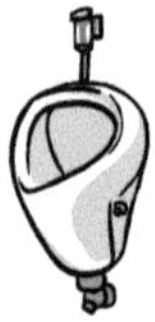
pisoár
mingitorio

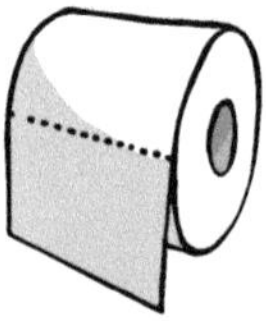
toaletní papír
papel higiénico

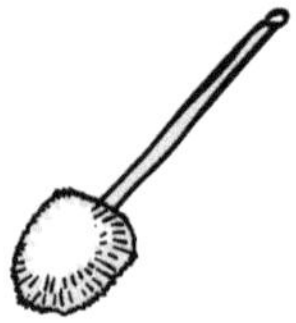
záchodová štětka
cepillo para el inodoro

zubní kartáček

cepillo de dientes

zubní pasta

dentífrico

zubní niť

hilo dental

mýt

lavar

ruční sprcha

ducha de mano

intimní sprcha

ducha higiénica

umyvadlo

palangana

kartáč na záda

cepillo para espalda

mýdlo

jabón

sprchový gel

gel de ducha

šampón

shampoo

žínka

toallita

odpad

desagüe

krém

crema

deodorant

desodorante

zrcadlo

espejo

kosmetické zrcátko

espejito

holicí strojek

maquinita de afeitar

pěna na holení

espuma de afeitar

voda po holení

aftershave

hřeben

peine

kartáč

cepillo

fén

secador de pelo

lak na vlasy

spray

makeup

maquillaje

rtěnka

lápiz de labios

lak na nehty

esmalte para uñas

vata

algodón

nůžky na nehty

tijera para uñas

parfém

perfume

ška s toaletními potřebami

portacosméticos

stolička

banqueta

váha

balanza

župan

bata

gumové rukavice

guantes de goma

tampón

tampón

dámská vložka

toallita femenina

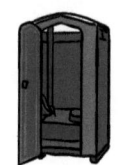

chemická toaleta

baño químico

koupelna - baño   41

dětský pokoj

cuarto de los chicos

budík
despertador
plyšová hračka
peluche
autíčko
coche de juguete
chrastítko
sonajero
domeček pro panenky
casa de muñecas
dárek
regalo

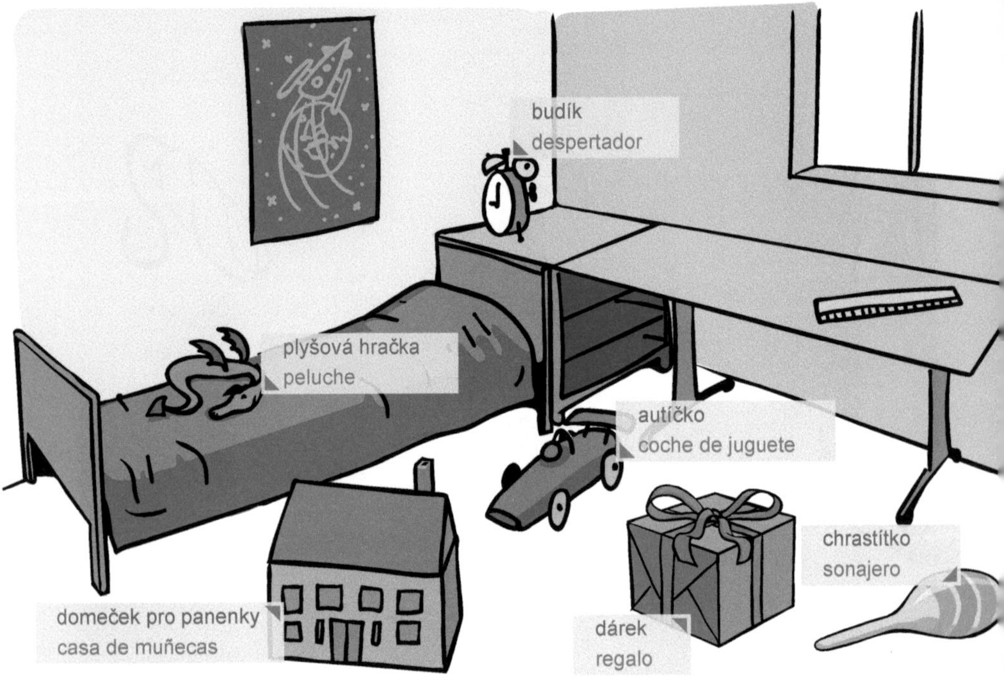

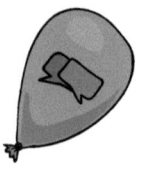

balón

globo

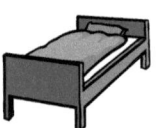

postel

cama

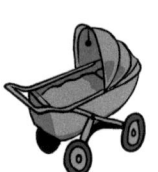

kočárek

cochecito

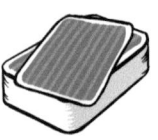

balíček karet

cartas

puzzle

rompecabezas

SUPER
MEGA

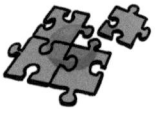

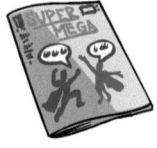

komiks

historieta

lego kostky

piezas de lego

stavebnice

ladrillos de juguete

akční figurka

figura de acción

dupačky

enterito (de bebé)

frisbee

frisbee

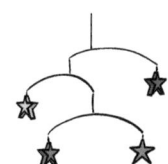

závěsné hračky nad postýlku

móvil para bebés

desková hra

juego de mesa

kostky

dados

modelová železnice

tren eléctrico

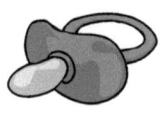

dudlík

chupete

oslava

fiesta

obrázková kniha

libro de cuentos ilustrado

míč

pelota

panenka

muñeca

hrát si

jugar

pískoviště

arenero

houpačka

hamaca

hračky

juguetes

hrací konzole

consola de videojuegos

tříkolka

triciclo

medvídek

osito de peluche

šatník

armario

oblečení
ropa

ponožky

medias

punčochy

medias panty

punčochové kalhoty

calzas

šála
bufanda

deštník
paraguas

pásek
cinturón

tričko
remera

tenisky
zapatillas

kozačky
botas

domácí obuv
pantuflas

sandály

obuv

holínky

sandalias

zapatos

botas de goma

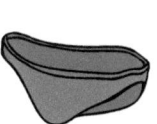

spodní prádlo

podprsenka

nátělník

ropa interior

corpiño

chaleco

body
body

kalhoty
pantalones

džíny
jeans

sukně
pollera

blůza
blusa

košile
camisa

svetr
pulóver

mikina
buzo

blejzr
blazer

bunda
campera

kabát
tapado

pláštěnka
piloto

kostým
traje

šaty
vestido

svatební šaty
vestido de novia

oblek

traje

noční košile

camisón

pyžamo

pijama

sárí

sari

šátek na hlavu

pañuelo para cabeza

turban

turbante

burka

burka

kaftan

caftán

abája

abaya

plavky

traje de baño

pánské plavky

short de baño

kraťasy

shorts

teplákova souprava

jogging

zástěra

delantal

rukavice

guantes

knoflík
botón

brýle
anteojos

náramek
pulsera

náhrdelník
collar

prsten
anillo

náušnice
aro

čepice
gorra

ramínko
percha

klobouk
sombrero

kravata
corbata

zip
cierre

helma
casco

kšandy
tiradores

školní uniforma
uniforme escolar

uniforma
uniforme

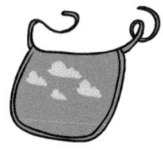

bryndák

babero

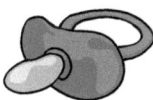

dudlík

chupete

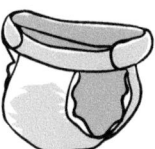

plena

pañal

kancelář

oficina

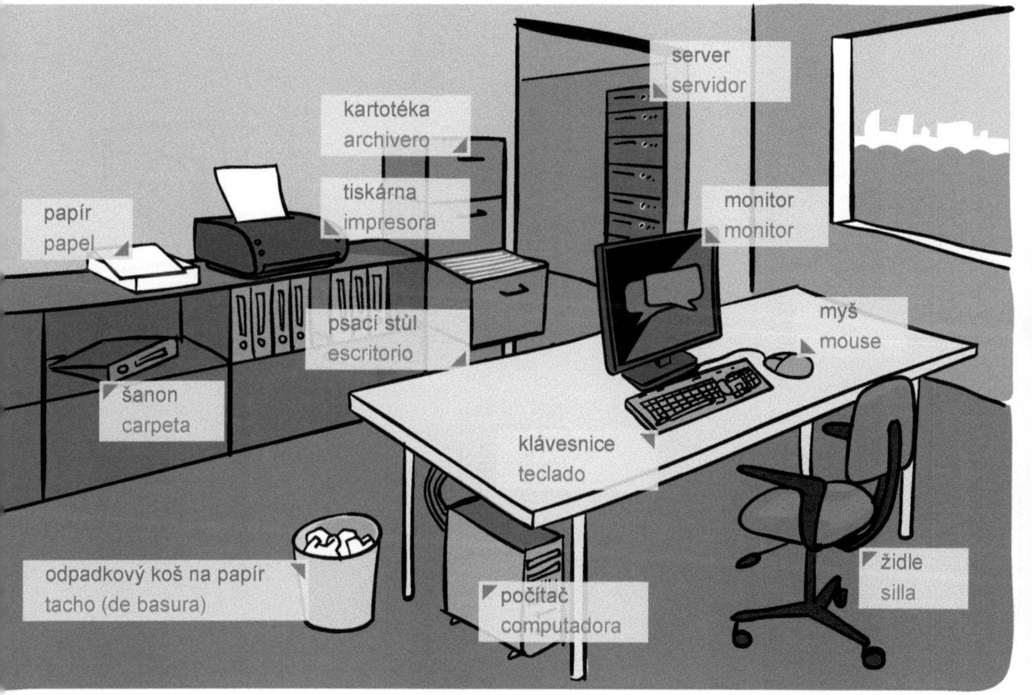
server
servidor
kartotéka
archivero
papír
papel
tiskárna
impresora
monitor
monitor
psací stůl
escritorio
myš
mouse
šanon
carpeta
klávesnice
teclado
odpadkový koš na papír
tacho (de basura)
počítač
computadora
židle
silla

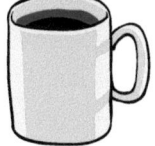

hrnek na kávu

taza de café

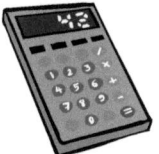

kalkulačka

calculadora

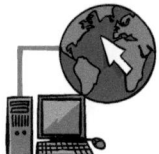

internet

internet

notebook

laptop

dopis

carta

zpráva

mensaje

mobil

celular

síť

red

kopírka

fotocopiadora

software

software

telefon

teléfono

zásuvka

tomacorriente

fax

fax

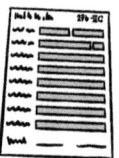

formulář

formulario

dokument

documento

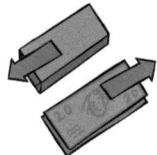

nakupovat

comprar

zaplatit

pagar

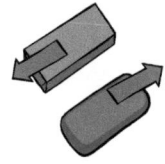

jednat

hacer negocios

peníze

dinero

 **USD**

dolar

dólar

 **EUR**

euro

euro

 **JPY**

jen

yen

 **RUB**

rubl

rublo

 **CHF**

frank

franco suizo

 **CNY**

juan

yuan

 **INR**

rupie

rupia

bankomat

cajero automático

směnárna

casa de cambio

zlato

oro

stříbro

plata

olej

petróleo

energie

energía

cena

precio

smlouva

contrato

daň

impuesto

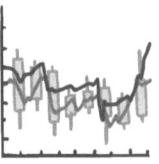

akcie

acción

pracovat

trabajar

zaměstnanec

empleado

zaměstnavatel

empleador

továrna

fábrica

obchod

negocio

povolání
ocupaciones

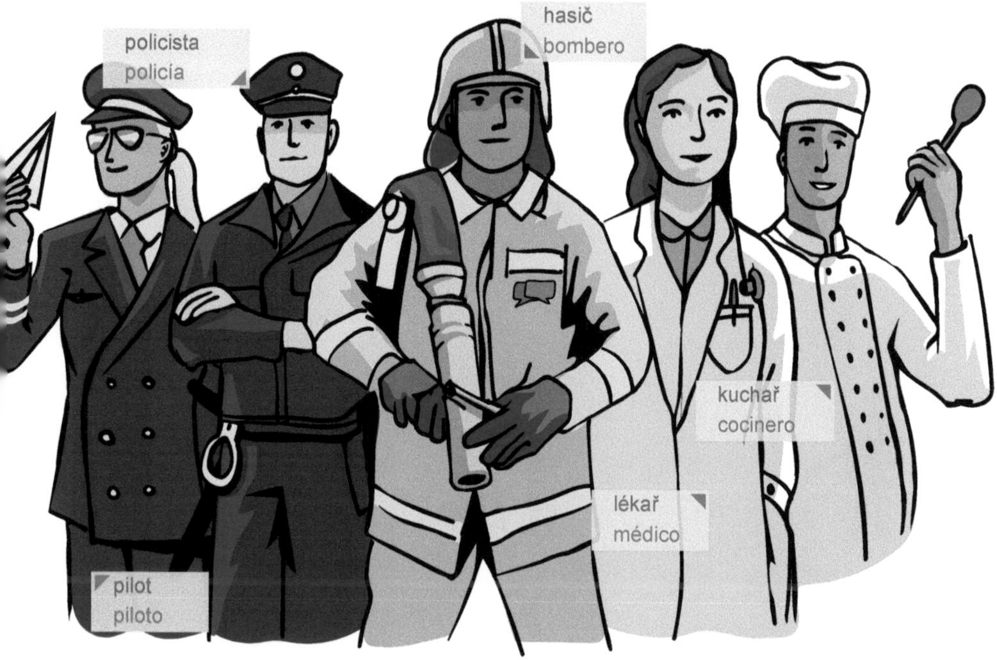

policista
policía
hasič
bombero
kuchař
cocinero
lékař
médico
pilot
piloto

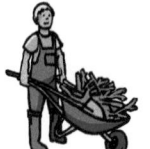

zahradník

jardinero

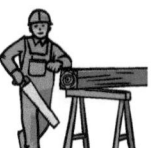

truhlář

carpintero

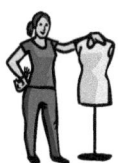

švadlena

modista

soudce

juez

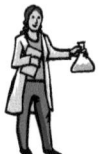

chemik

farmacéutico

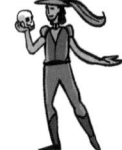

herec

actor

řidič autobusu

colectivero

řidič taxi

taxista

rybář

pescador

uklízečka

mucama

pokrývač

techista

číšník

mozo

myslivec

cazador

malíř

pintor

pekař

panadero

elektrikář

electricista

stavební dělník

albañil

inženýr

ingeniero

řezník

carnicero

klempíř

plomero

listonoš

cartero

voják

soldado

architekt

arquitecto

pokladní

cajero

florista

florista

kadeřník

peluquero

průvodčí

cobrador

mechanik

mecánico

kapitán

capitán

zubař

dentista

vědec

científico

rabín

rabino

imám

imán

mnich

monje

duchovní

sacerdote

nářadí

herramientas

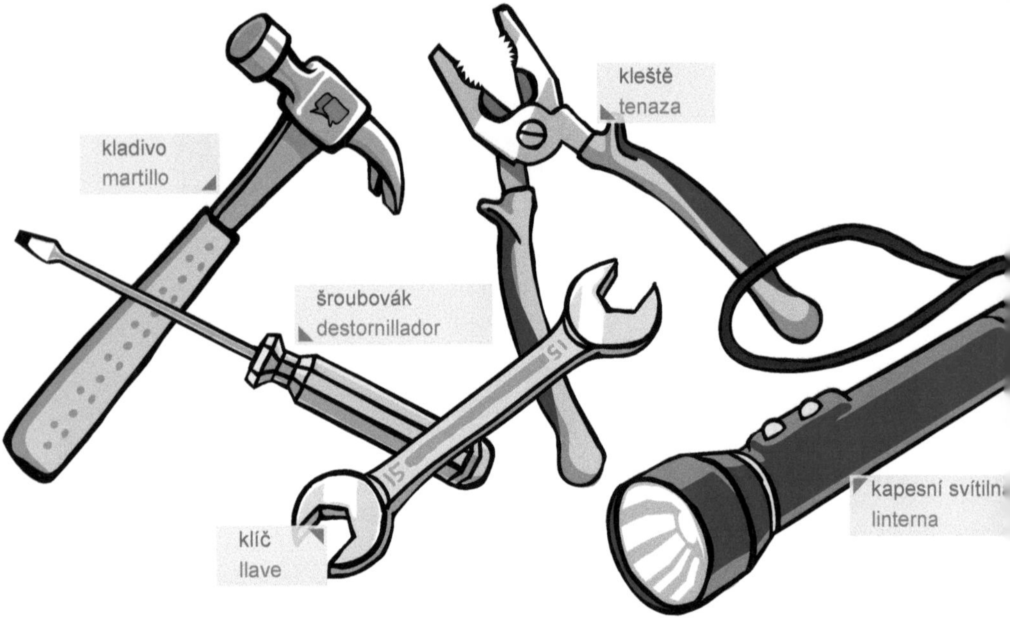

kladivo
martillo
kleště
tenaza
šroubovák
destornillador
klíč
llave
kapesní svítiln
linterna

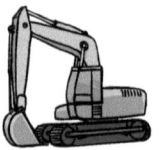

bagr

excavadora

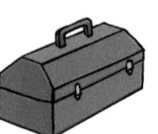

skříň na nářadí

caja de herramientas

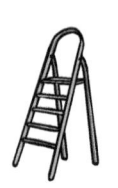

žebřík

escalera portátil

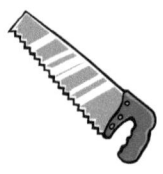

pila

sierra

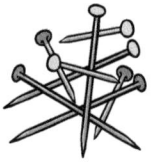

hřebíky

clavos

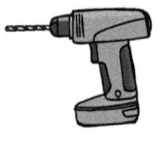

vrtačka

taladro

opravit

arreglar

lopata

pala de jardín

Kurva!

¡Qué bronca!

lopatka

pala de plástico

vědroé na barvu

tacho de pintura

šrouby

tornillos

hudební nástroje

instrumentos musicales

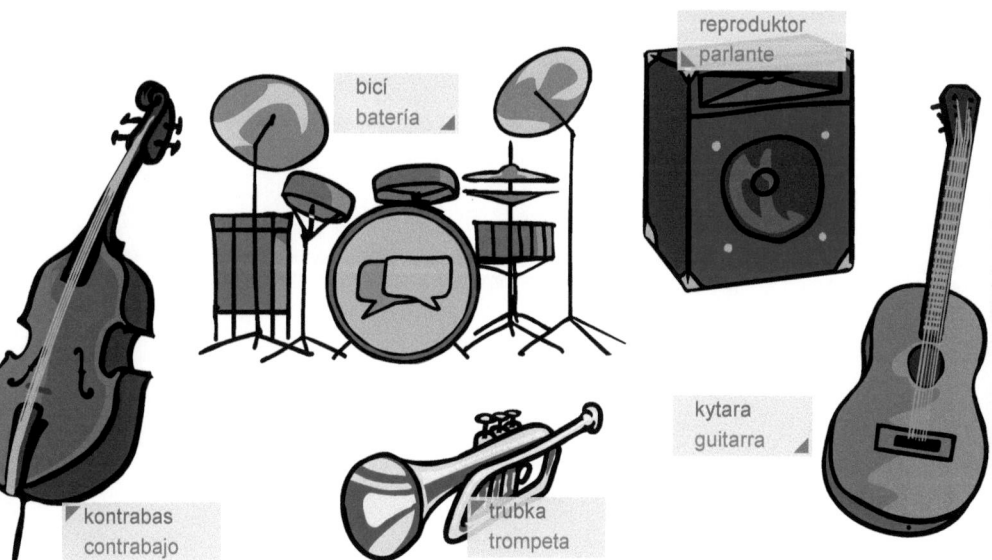

reproduktor
parlante

bicí
batería

kontrabas
contrabajo

trubka
trompeta

kytara
guitarra

klavír
piano

housle
violín

basa
bajo

tympán
timbales

bubny
tambor

keyboard
teclado

saxofon
saxofón

flétna
flauta

mikrofon
micrófono

zoo

zoológico

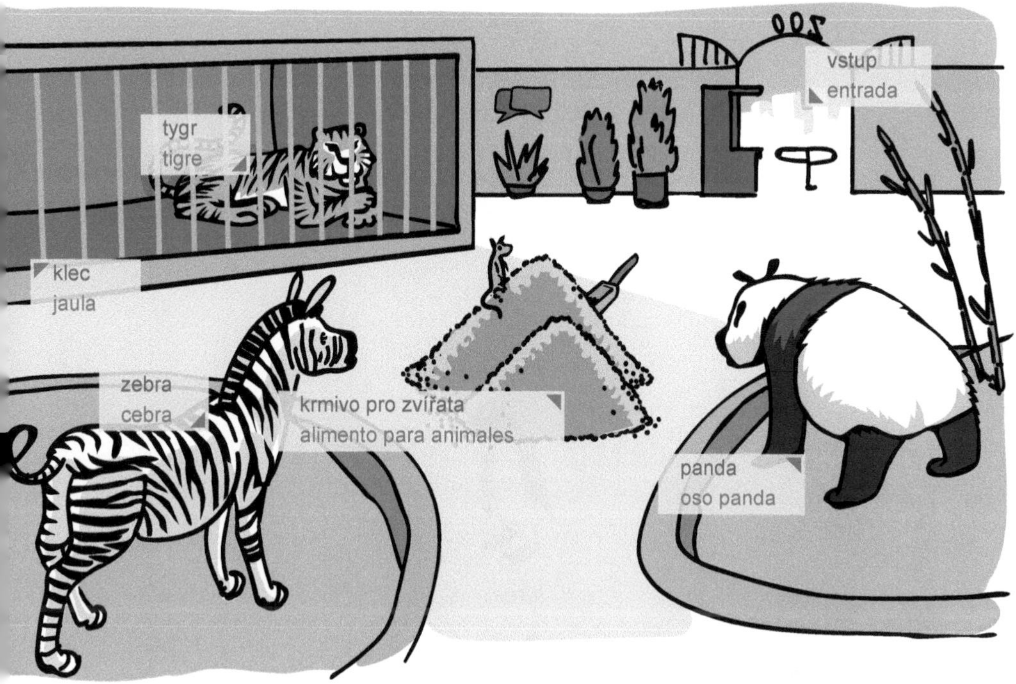
vstup
entrada
tygr
tigre
klec
jaula
zebra
cebra
krmivo pro zvířata
alimento para animales
panda
oso panda

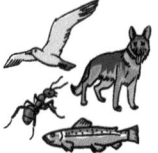

zvířata

animales

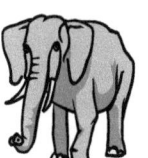

slon

elefante

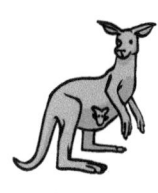

klokan

canguro

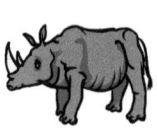

nosorožec

rinoceronte

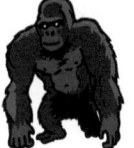

gorila

gorila

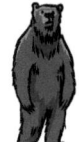

medvěd

oso

velbloud
camello

pštros
avestruz

lev
león

opice
mono

plameňák
flamenco

papoušek
loro

lední medvěd
oso polar

tučňák
pingüino

žralok
tiburón

páv
pavo real

had
serpiente

krokodýl
cocodrilo

ošetřovatel zvířat
cuidador del zoológico

tuleň
foca

jaguár
jaguar

poník
poni

leopard
leopardo

hroch
hipopótamo

žirafa
jirafa

orel
águila

divoké prase
jabalí

ryby
pescado

želva
tortuga

mrož
morsa

liška
zorro

gazela
gacela

americký fotbal
fútbol americano

cyklistika
ciclismo

tenis
tenis

košíková
básquet

plavání
natación

lední hokej
hockey sobre hielo

box
boxeo

kopaná

fútbol

badminton

bádminton

lehká atletika

atletismo

házená

handball

běh na lyžích

esquí

vodní pólo

polo

aktivity
actividades

skočit
saltar
objímat
abrazar
smát se
reír
jít
caminar
zpívat
cantar
snít
soñar
modlit se
rezar
políbit
besar

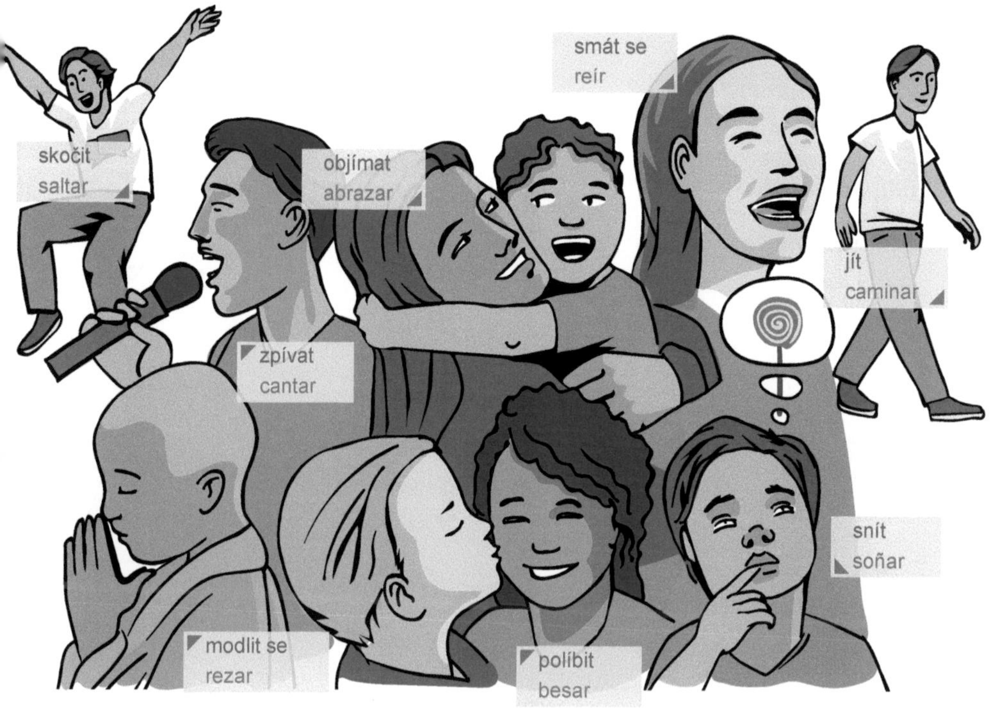

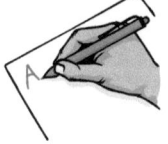

psát
escribir

kreslit
dibujar

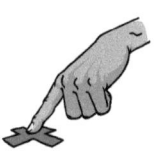

ukazovat
mostrar

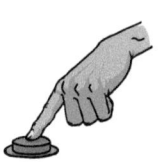

tlačit
presionar

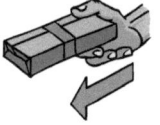

dát
dar

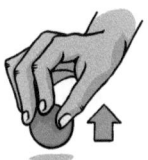

vzít si
tomar

mít
tener

dělat
hacer

být
ser

stát
estar parado

běhat
correr

táhnout
tirar

hodit
tirar

padat
caer

ležet
estar acostado

čekat
esperar

nosit
llevar

sedět
estar sentado

oblékat
vestirse

spát
dormir

vzbudit se
despertar

prohlédnout si

mirar

plakat

llorar

pohladit

acariciar

česat

peinar

hovořit

hablar

rozumět

entender

ptát se

preguntar

slyšet

escuchar

pít

beber

jíst

comer

uklidit

ordenar

milovat

amar

vařit

cocinar

jet

manejar

letět

volar

plachtit
navegar

počítat
calcular

číst
leer

učit se
aprender

pracovat
trabajar

vzít si
casarse

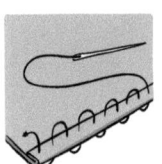

šít
coser

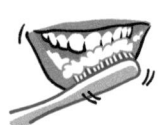

čistit si zuby
cepillarse los dientes

zabít
matar

kouřit
fumar

poslat
enviar

babička
abuela

dědeček
abuelo

otec
padre

matka
madre

dítě
bebé

dcera
hija

syn
hijo

host
invitado

teta
tía

strýc
tío

bratr
hermano

sestra
hermana

tělo
cuerpo

čelo
frente
oko
ojo
rameno
hombro
prst
dedo
obličej
cara
brada
pera
ruka
mano
dolní končetina
pierna
hruď
pecho
paže
brazo

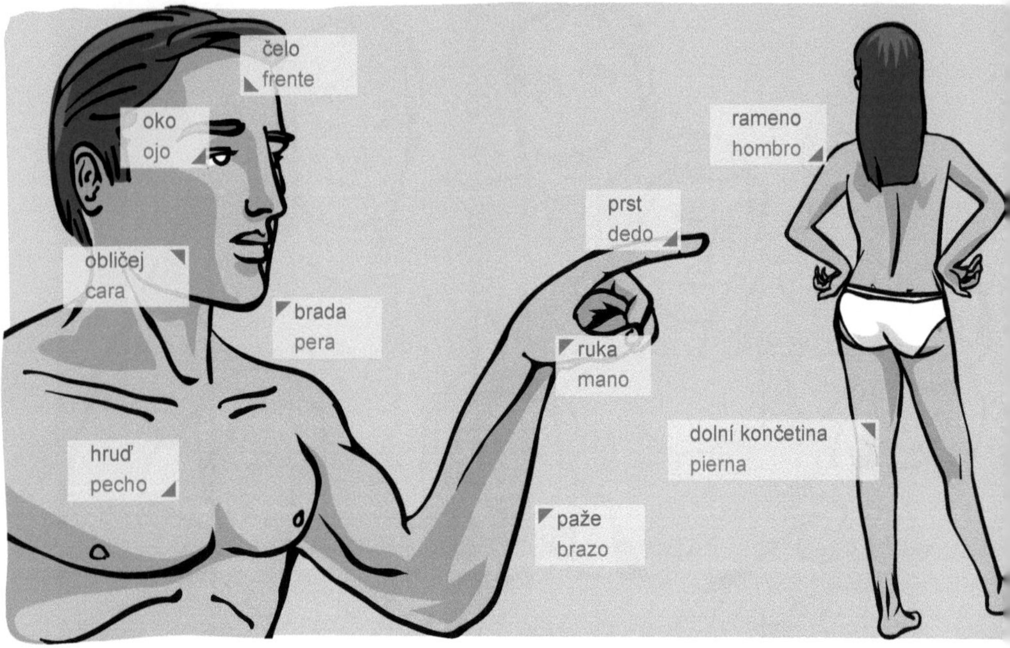

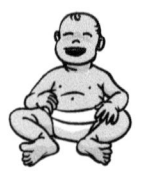

dítě

bebé

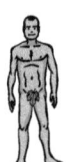

muž

hombre

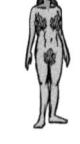

žena

mujer

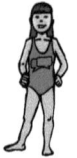

dívka

nena

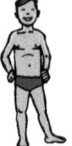

chlapec

nene

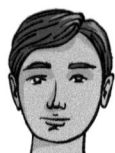

hlava

cabeza

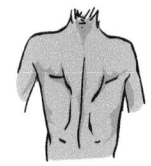

záda

espalda

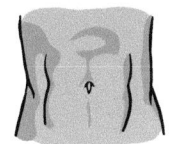

břicho

panza

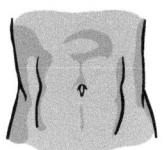

pupík

ombligo

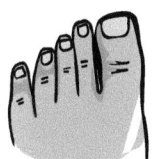

prst na noze

dedo del pie

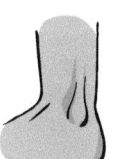

pata

talón

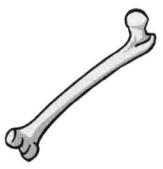

kost

hueso

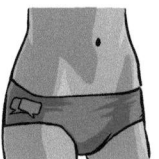

bok

cadera

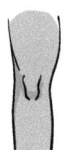

koleno

rodilla

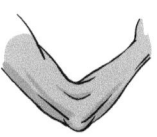

loket

codo

nos

nariz

zadek

cola

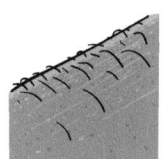

kůže

piel

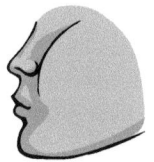

tvář

cachete

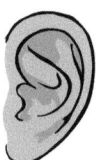

ucho

oreja

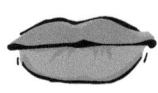

ret

labio

tělo - cuerpo

ústa

boca

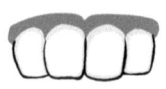

zub

diente

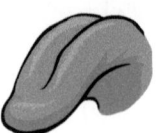

jazyk

lengua

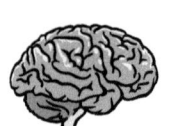

mozek

cerebro

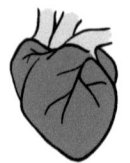

srdce

corazón

sval

músculo

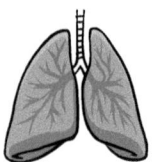

plíce

pulmón

játra

hígado

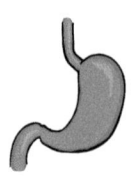

žaludek

estómago

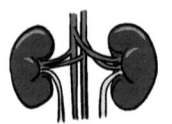

ledviny

riñones

pohlavní styk

sexo

kondom

preservativo

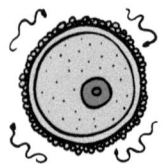

vajíčko

óvulo

sperma

semen

těhotenství

embarazo

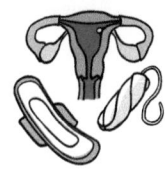

menstruace

menstruación

vagina

vagina

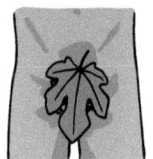

penis

pene

obočí

ceja

vlasy

pelo

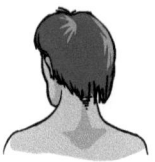

krk

cuello

nemocnice
hospital

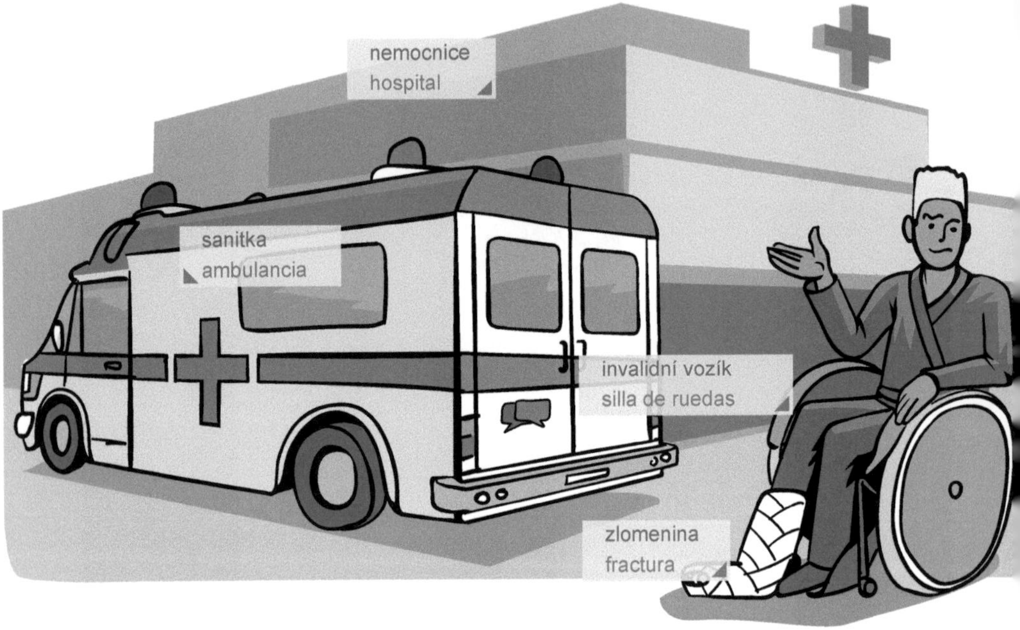

nemocnice
hospital
sanitka
ambulancia
invalidní vozík
silla de ruedas
zlomenina
fractura

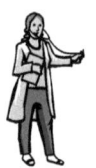

lékař

médico

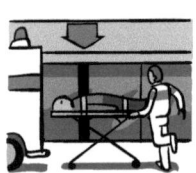

pohotovost

sala de guardia

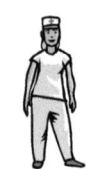

zdravotní sestra

enfermera

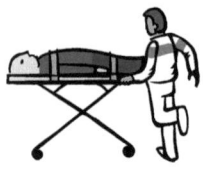

urgentní případ

emergencia

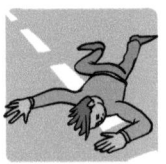

v bezvědomí

inconsciente

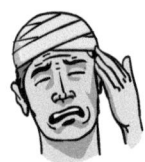

bolest

dolor

úraz

lesión

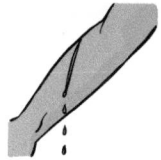

krvácení

hemorragia

infarkt myokardu

infarto

cévní mozková příhoda

ACV

alergie

alergia

kašel

tos

horečka

fiebre

chřipka

gripe

průjem

diarrea

bolest hlavy

dolor de cabeza

rakovina

cáncer

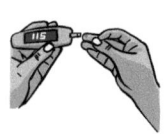

cukrovka

diabetes

chirurg

cirujano

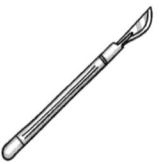

skalpel

bisturí

operace

operación

CT
TC

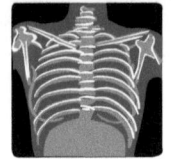

rentgen
rayos x

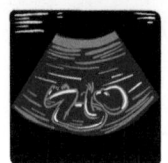

ultrazvuk
ecografía

maska
barbijo

nemoc
enfermedad

čekárna
sala de espera

berle
muleta

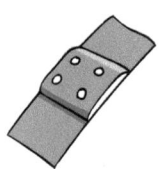

náplast
curita

obvaz
venda

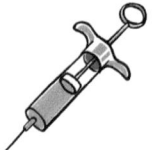

injekce
inyección

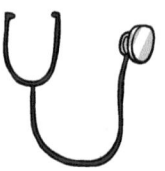

stetoskop
estetoscopio

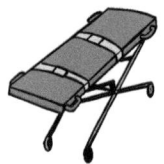

nosítka
camilla

teploměr
termómetro

porod
nacimiento

nadváha
sobrepeso

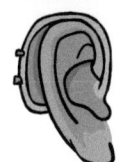

naslouchátko
audífono

dezinfekční prostředek
desinfectante

infekce
infección

virus
virus

HIV / AIDS
VIH / SIDA

lékařství
remedio

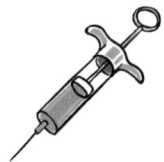

očkování
vacunación

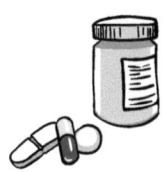

tablety
comprimidos

pilulka
pastilla anticonceptiva

tísňové volání
llamada de emergencia

tonometr
tensiómetro

nemocný / zdravý
enfermo / sano

Pomoc!	 poplach	 přepadení
¡Ayuda!	alarma	agresión
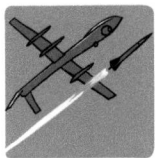 napadení	 nebezpečí	 nouzový východ
ataque	peligro	salida de emergencia
Hoří!	 hasicí přístroj	 nehoda
¡Fuego!	matafuego	accidente
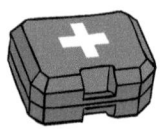 zdravotnická brašna	 SOS	 policie
botiquín de primeros auxilios	SOS	policía

Evropa

Europa

Severní Amerika

América del Norte

Jižní Amerika

América del Sur

Afrika

África

Asie

Asia

Austrálie

Australia

Atlantik

Atlántico

Pacifik

Pacífico

Indický oceán

Océano Índico

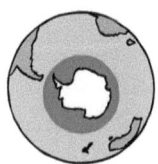

Jižní ledový oceán

Océano Antártico

Severní ledový oceán

Océano Ártico

severní pól

polo norte

jižní pól

polo sur

Antarktida

Antártida

země

Tierra

pevnina

tierra

moře

mar

ostrov

isla

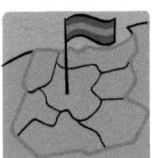

národ

nación

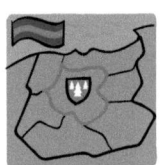

stát

estado

ciferník

esfera

hodinová ručička

manecilla de las horas

minutová ručička

minutero

vteřinová ručička

segundero

Kolik je hodin?

¿Qué hora es?

den

día

čas

hora

teď

ahora

digitální hodinky

reloj digital

minuta

minuto

hodina

hora

týden
semana

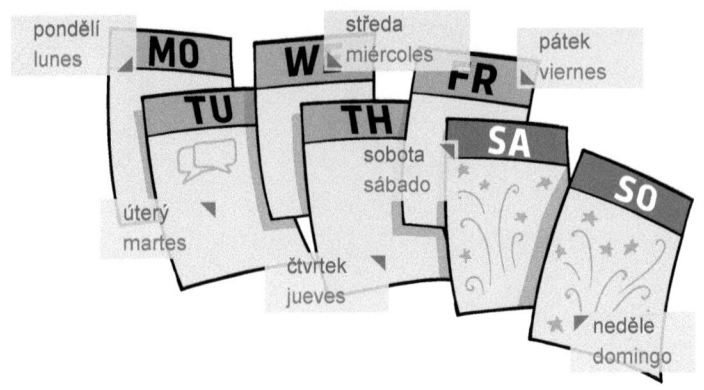

včera
....
ayer

dnes
....
hoy

zítra
....
mañana

ráno
....
mañana

poledne
....
mediodía

večer
....
tarde

pracovní dny
....
días hábiles

víkend
....
fin de semana

rok
año

déšť
lluvia
duha
arco iris
sníh
nieve
vítr
viento
jaro
primavera
podzim
otoño
léto
verano
zima
invierno

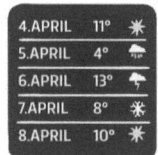

4.APRIL 11°
5.APRIL 4°
6.APRIL 13°
7.APRIL 8°
8.APRIL 10°

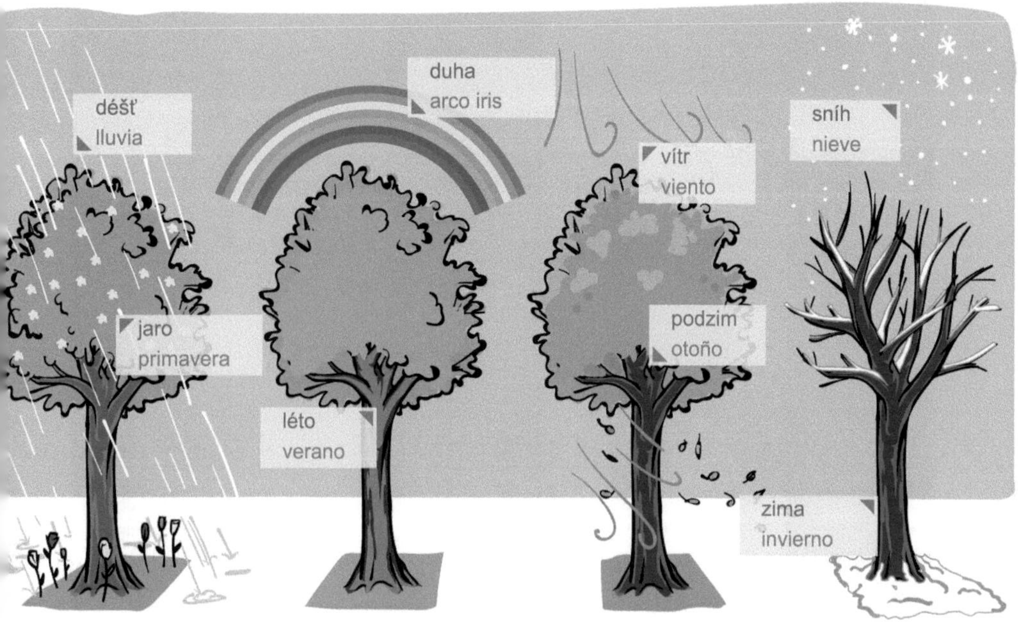

předpověď počasí

pronóstico meteorológico

F C
120 40
90 30
60 20
30 10
0 0
-30 -10
-20

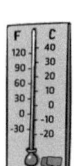

teploměr

termómetro

sluneční svit

luz del sol

mrak

nube

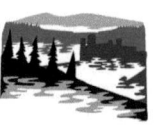

mlha

niebla

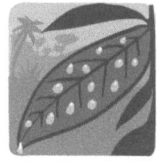

vlhkost

humedad

blesk

rayo

hrom

trueno

bouřka

tormenta

kroupy

granizo

monzun

monzón

povodeň

inundación

led

hielo

leden

enero

únor

febrero

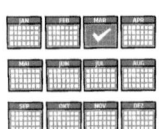

březen

marzo

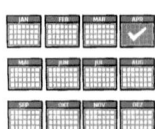

duben

abril

květen

mayo

červen

junio

červenec

julio

srpen

agosto

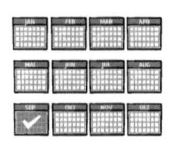

září
....
septiembre

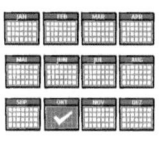

říjen
....
octubre

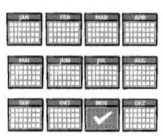

listopad
....
noviembre

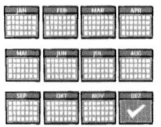

prosinec
....
diciembre

kruh
....
círculo

čtverec
....
cuadrado

obdélník
....
rectángulo

trojúhelník
....
triángulo

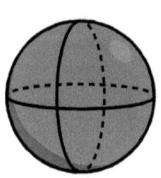

koule
....
esfera

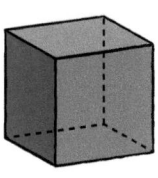

krychle
....
cubo

bílá
blanco

žlutá
amarillo

oranžová
naranja

růžová
rosa

červená
rojo

fialová
violeta

modrá
azul

zelená
verde

hnědá
marrón

šedá
gris

černá
negro

hodně / málo

mucho / poco

rozzuřený / mírumilovný

enojado / tranquilo

krásný / ošklivý

lindo / feo

začátek / konec

principio / fin

velký / malý

grande / chico

světlý / tmavý

claro / oscuro

bratr / sestra

hermano / hermana

čistý / špinavý

limpio / sucio

úplný / neúplný

completo / incompleto

den / noc

día / noche

mrtvý / živý

muerto / vivo

široký / úzký

ancho / angosto

jedlý / nejedlý

comestible / no comestible

zlý / hodný

malo / amable

vzrušený / znuděný

entusiasmado / aburrido

tlustý / hubený

gordo / flaco

nejdříve / naposledy

primero / último

přítel / nepřítel

amigo / enemigo

plný / prázdný

lleno / vacío

tvrdý / měkký

duro / blando

těžký / lehký

pesado / liviano

hlad / žízeň

hambre / sed

nemocný / zdravý

enfermo / sano

ilegální / legální

ilegal / legal

inteligentní / hloupý

inteligente / estúpido

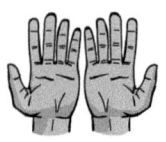

vlevo / vpravo

izquierda / derecha

blízko / daleko

cerca / lejos

nový / použitý

nuevo / usado

nic / něco

nada / algo

starý / mladý

viejo / joven

zapnutý / vypnutý

encendido / apagado

otevřeno / zavřeno

abierto / cerrado

tichý / hlasitý

silencioso / ruidoso

bohatý / chudý

rico / pobre

správný / špatný

correcto / incorrecto

drsný / hladký

áspero / suave

smutný / šťastný

triste / contento

krátký / dlouhý

corto / largo

pomalý / rychlý

lento / rápido

vlhký / suchý

mojado / seco

teplý / chladný

caliente / frío

válka / mír

guerra / paz

0

nula

cero

1

jedna

uno

2

dva

dos

3

tři

tres

4

čtyři

cuatro

5

pět

cinco

6

šest

seis

7

sedm

siete

8

osm

ocho

9

devět

nueve

10

deset

diez

11

jedenáct

once

12

dvanáct

doce

13

třináct

trece

14

čtrnáct

catorce

15

patnáct

quince

16

šestnáct

dieciséis

17

sedmnáct

diecisiete

18

osmnáct

dieciocho

19

devatenáct

diecinueve

20

dvacet

veinte

100

sto

cien

1.000

tisíc

mil

1.000.000

milion

millón

angličtina

inglés

americká angličtina

inglés americano

standardní čínština

chino mandarín

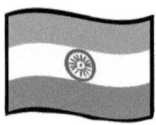

hindština

hindi

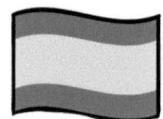

španělština

español

francouzština

francés

arabština

árabe

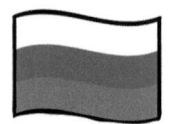

ruština

ruso

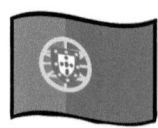

portugalština

portugués

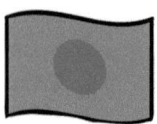

bengálština

bengalí

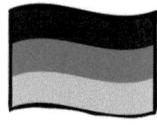

němčina

alemán

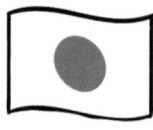

japonština

japonés

já
yo

ty
vos

on / ona / ono
él / ella

my
nosotros

vy
ustedes

oni
ellos

Kdo?
¿quién?

Co?
¿qué?

Jak?
¿cómo?

Kde?
¿dónde?

Kdy?
¿cuándo?

jméno
nombre

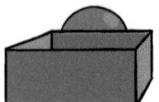

za

detrás

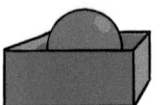

do

en

z

adelante de

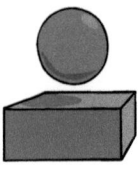

nad

por encima de

na

sobre

mezi

debajo de

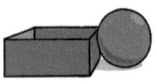

vedle

al lado de

mezi

entre

místo

lugar